1
2
3
4
5
6
7
8
9
10
11
12
13
14
15
16
17
18
19
20
21
22
23
24
25
26
27
28
29
30
31
32
33
34
35
36
37
38
39
40
41
42
43
44
45
46
47
48
49
50
51
52
53
54
55
56
57
58
59
60
61
62
63
64
65
66
67
68
69
70
71
72
73
74
75
76
77
78
79
80
81
82
83
84

NORTH
POLE
1
2
3
4
5
6
7
8
9
10
11
12
13
14
15
16
17
18
19
20
21
22
23
24
25
26
27
28
29
30
31
32
33
34
35
36
37
38
39
40
41
42
43
44
45
46
47
48
49
50
51
52
53
54
55
56
57
58
59
60
61
62
63
64
65
66
67
68
69
70
71
72
73
74
75
76
77
78
79
80
81
82
83
84
85
86
87
88
89
90

ANYTHING IS POSSIBLE!

1
2
3
4
5
6
7
8
9
10
11
12
13
14
15
16
17
18
19
20
21
22
23
24
25
26
27
28
29
30
31
32
33
34
35
36
37
38
39
40
41
42
43
44
45
46
47
48

YOU ARE
TREE-
MENDOUS!

11
8
1
81
38
47
48
49
9
2
40
39
41
46
3
7
56
44
17
22
5
4
45
10
6
73
15
69
57
42
78
37
14
16
70
12
34
43
62
75
18
13
25
79
61
30
19
33
26
52
20
71
55
80
28
72
58
53
84
29
21
27
74
31
50
59
60
54
23
35
76
63
64
24
66
65
32
82
36
77
68
51
83
67

7
5
6
10
86
18
1
2
53
9
90
3
25
47
61
67
15
8
17
19
13
28
11
4
89
88
16
87
23
55
14
60
24
54
57
29
50
42
27
85
12
62
22
40
41
51
65
49
20
37
45
30
43
38
35
48
66
39
79
83
21
72
68
56
26
36
33
73
84
69
75
76
31
59
78
71
44
80
64
82
52
77
34
63
58
32
81
46
74
70

6
5
33
30
24
43
14
12
34
11
10
9
1
2
4
42
7
3
39
21
44
13
38
40
29
47
15
46
8
41
45
20
35
18
16
36
19
17
23
26
27
31
48
28
22
37
25
32

1
79
71
63
51
3
36
16
7
9
54
55
67
4
75
72
10
77
69
45
65
12
15
62
80
96
58
76
2
73
68
8
5
78
11
14
56
25
70
43
95
66
81
53
13
52
57
46
74
60
23
87
61
94
33
64
59
41
50
89
6
21
82
30
44
88
48
92
84
85
22
32
34
93
27
37
35
39
26
24
19
31
28
17
29
91
90
83
42
47
18
86
38
20
49
40